ESSAI D'ÉLOGE

De M. le Chanoine

SPITALIERI DE CESSOLE

ABBÉ MITRÉ DE St-PONS,

FONDATEUR, A NICE, DES FILLES DE LA PROVIDENCE,

CHEVALIER DE L'ORDRE DES SS. MAURICE ET LAZARE,

DÉCÉDÉ A NICE

LE 29 MARS 1864,

par

le Général D'AUVARE, Marcellin,

Membre

DE LA COMMISSION DE BIENFAISANCE DE NICE

ET DE LA SOCIÉTÉ DES LETTRES, SCIENCES ET ARTS DES ALPES-MARITIMES.

NICE,

IMPRIMERIE, LITHOGRAPHIE ET LIBRAIRIE CHARLES CAUVIN,

Rue de la Préfecture, n° 6.

1864.

Eugène Spitalieri de Cessole naquit à Nice, en 1785, d'une famille non moins distinguée par la Piété, compagne de la vraie Science que par d'illustres alliances. Son père fut le comte Jean Joseph, et sa mère Rosalie de Monclar, fille de ce célèbre Procureur général, dont la voix retentit dans le Parlement de Provence.

Il venait de terminer ses études à la maison paternelle, lorsque les orages de la Révolution l'obligèrent, comme ses parents, à émigrer en Piémont. Il vint à Turin avec eux près de sa sœur, unie en mariage au Comte Thaon de Revel, originaire de notre ville, alors Colonel du régiment de Nice, et que nous avons vu depuis figurer comme Gouverneur de Turin, grand collier de l'Ordre de l'Annonciade, Lieutenant général du Royaume et Maréchal de Savoie.

Le jeune Cessole entra alors au service militaire du Roi de Sardaigne, avec son frère aîné, dont les talents devaient plus tard se déployer dans sa charge de premier Président du Sénat de Nice, décoré par l'effet de ses mérites du grand cordon des SS. Maurice et Lazare. Tous deux furent faits officiers dans des corps distingués de l'Armée, et combattirent pour leur patrie.

La bataille de Marengo, ayant en 1800, changé les destinées du Piémont, Eugène De Cessole revint à Nice avec ses parents, et, rendu à la vie privée, il méditait ses desseins.

Désenchanté désormais des grandeurs de la terre, il tournait ses vues vers le service de Dieu et du prochain, et il décidait ainsi de consacrer ses jours au Dieu des armées, au Roi des Rois. En 1808, il entrait au Séminaire, et le Prélat, qui gouvernait alors le Diocèse de Nice, le proclamait le Modèle de la Communauté. Plus tard, ce nouvel élève du Sanctuaire manifestait son Savoir en y remportant le premier prix, et il signalait en même temps sa Générosité, en renonçant lui-même à la bourse gratuite qui y était attachée, en faveur du séminariste le plus dénué de moyens.

En 1812, arrivé au degré d'être élu Prêtre du Très-Haut, il recevait l'Onction Sainte de son Évêque, Monseigneur Capo d'Istria, dont la mémoire est restée vénérée et dont Nice devait un jour à Rome redemander les cendres.

Élevé au Sacerdoce, il portait aussitôt son activité vers les bonnes œuvres. Dès la même année, dans un local que lui concédaient la Ville et M. le Préfet Dubouchage, il réunissait les pauvres, leur distribuait des soupes, des secours, et les moralisait, soit en les instruisant de leurs devoirs, soit en faisant le catéchisme à leurs enfants. En 1813, il y établissait encore deux écoles gratuites, l'une pour les garçons, l'autre pour les filles, en leur fournissant lui-même les livres, les cahiers, et des moyens de travail. Ces écoles externes ont subsisté plusieurs années, et jusqu'à l'époque où la Municipalité a fait venir à Nice pour cet objet les Frères des écoles chrétiennes et les Sœurs destinées à l'enseignement.

En 1815, ayant rencontré des filles abandonnées, et que leur misère exposait à l'inconduite, et voyant en même temps que la Ville manquait d'un Orphelinat, il songea à eriger un Asyle. Ayant sollicité et obtenu du Gouvernement un Couvent presque ruiné, là même où existaient ses écoles, il le fesait restaurer à ses frais, et y fondait son Institution des Filles de la Providence, où sont depuis lors gratuitement élevées plus de cent jeunes personnes dans de solides principes, la vie laborieuse et les ouvrages des mains, de manière à pouvoir à leur sortie, être aptes au service privé, ou propres à s'appliquer à une honorable industrie. Il fondait, pour les conduire, une Congrégation de Religieuses pleinement libres, dégagées de tout vœu et n'ayant d'autre lien que le sentiment élevé qui l'animait, et qu'il savait leur inspirer, celui de la CHARITÉ. C'est à cette Institution qu'il appliquait tout son revenu, le prix de ses Messes et ses soins les plus assidus, comme il en conste à la Ville, du rapport imprimé de M. le Syndic Barralis, qui, il y a quelques années, rendait compte de l'inspection qu'il avait donnée à cet établissement, dont il faisait un grand éloge. Le public à son tour marquait sa reconnaissance en donnant à ces élèves le nom de Cessoliennes.

En même temps qu'il rendait ainsi un service important

soit à la classe indigente en adoptant ses filles, soit à la classe aisée en lui procurant des personnes fidèles et habiles au travail, il prolongeait plus loin ses vues.

Il réunissait chez lui des dames charitables qu'il savait animer, et par la médiation desquelles il procurait des secours aux malades à domicile, et aux familles sans ressources. Lorsque les pauvres manquaient de vêtements, il en fesait confectionner par ces dames même, et c'est avec ces éléments que s'institua plus tard, moyennant le concours et le zèle des Sœurs de Charité, la Société des Dames de St-Vincent-de-Paul, qu'il a pendant longtemps et jusqu'à sa mort rassemblées chaque semaine dans son établissement, et dont le soin spécial est de visiter les infirmes dans leurs maisons, de leur fournir les vivres et l'assistance nécessaires. Hommage soit rendu à ces Dames qui, pleines d'un Saint zèle, vont tour à tour travailler pour les pauvres à l'ancienne Salle d'Asyle, et vont au devant des nécessités les plus urgentes de l'indigence.

L'Abbé de Cessole, à une heure déterminée du jour, accordait audience aux pauvres. Il leur donnait des remèdes, des secours, des conseils, et les consolait dans leur adversité, prêt à se rendre chez eux lorsque sa présence pouvait contribuer à leur soulagement. Son zèle infatigable s'étendait à toutes les prévoyances. On ne saurait en énoncer toutes les particularités, et l'on chercherait en vain à découvrir tous les Bienfaits qu'il répandait dans le silence.

Mais, malgré lui, tout ne pouvait être caché. La force des événements le fait connaître. Qui de nous a pu oublier ces époques de calamité, où le Choléra asiatique vint porter ses ravages en diverses contrées. Trois fois en différentes années il visita la ville de Nice, et trois fois se manifesta l'ardente Charité de l'Abbé de Cessole. Pendant que plusieurs établissements se ferment par précaution pour éloigner les atteintes de la contagion, l'Asyle de la Providence s'ouvre à toutes les infortunes. Les barrières en sont enlevées, et les Filles de l'Abbé de Cessole, encouragées par la parole et par l'exemple de leur Fondateur unis à l'assistance du Chanoine Brès son collaborateur, se répandent dans la ville pour assister les malades de toutes les conditions, et nommément les plus pauvres et les plus délaissés. Les maladies augmentent, les infirmiers de l'hôpital en sont atteints. La Ville s'adresse à l'Abbé de Cessole et aussitôt il envoie ses Filles soigner les malades de cet établissement. Qui plus est, on forme pour les cholériques, au local du Séminaire, un Hospice spécial, et voilà que de nouveau les Cessoliennes y sont destinées pour les soigner. Ces Filles, simples et timides, animées par leur Supérieur, déploient le plus mâle courage, et semblent chercher dans l'épidémie un généreux martyre.

Heureusement les prières et le vœu de la Ville du beau temple de N.-D. des Grâces calmèrent le Ciel irrité ; peu de ces saintes Filles y succombèrent, et l'épidémie fut moins grave que dans les autres contrées.

La maladie ayant cessé, l'administration de l'Hôpital, à la tête duquel se trouvait un des Syndics de la Ville, lui adressait, en date du 23 octobre 1835, une lettre de satisfaction pour la généreuse assistance qu'il avait prêtée avec les Filles de son établissement ; et lui envoyait le mandat d'une somme à réaliser pour son Institution, comme un tribut de reconnaissance; mais l'Abbé de Cessole ennoblissant toujours plus son action par le désintéressement, répondait qu'il ne pouvait l'accepter, s'agissant d'un acte de dévouement. Nous reproduisons ici, en termes français, cette lettre remarquable qui fut écrite en italien: (1)

Messieurs, disait-il, lorsqu'à l'apparition du choléra à Nice, s'érigea pour les pauvres qui en étaient attaqués un hôpital dans le Séminaire, j'eus l'avantage d'offrir l'intervention des Filles de la Providence ; je fis à M. le

---

(1) Nous sommes redevables de ces documents à M. le chanoine Brès, qui, dans ces pénibles travaux, fut le bras droit de l'Abbé De Cessole, qui l'a désigné pour son successeur. Ces faits ne peuvent à moins que fixer l'attention de l'Autorité Supérieure pour la conservation de cet Établissement, car aussi les fondations utiles comme les nobles actions sont chères à l'Empereur et à la France.

Syndic la protestation que ni les Filles, ni leur Asyle n'auraient jamais acccpté aucune rétribution, attendu que le sentiment, qui les guidait, était supérieur à tout intérêt terrestre. Ferme dans cette pensée, je vous prie de me permettre de vous restituer dans cette lettre le mandat que vous avez daigné m'adresser, en même temps que je vous exprime mes remercîments pour la courtoisie dont vous voulez bien faire preuve en faveur des Filles de la Providence.

Recevez, etc.   *Signé :* L'Abbé DE CESSOLE.

En 1849, l'Intendant Général de Nice eût la nouvelle qu'une épidémie venait de se manifester à St-Martin du Var. Il ne crut pouvoir mieux faire que de s'adresser à l'Abbé de Cessole. Celui-ci expédia promptement dans cette Commune un détachement de ses Filles pour porter secours à ces malades. Elles les servaient, leur préparaient les tisanes, les bouillons, les soupes nécessaires, et étaient de temps en temps relevées par l'Établissement les unes après les autres. L'Intendant Général, au terme de la maladie, en date du 13 octobre, exprimait à leur digne Supérieur, dans les termes les plus honorables, sa plus vive gratitude.

Durant la guerre d'Italie, en 1849, l'Abbé de Cessole fit

faire et envoyer à l'armée Piémontaise une grande quantité de charpie. Du quartier général de Sommacampagna, le Général chef d'état-major Comte Salasco, sous la date du 17 mai, lui répondait que *cette offre était considérée, dans cette circonstance, comme un don précieux, et que cette preuve d'humanité et d'amour du prochain avait eu l'agrément du Roi et l'appréciation de l'armée.*

Pendant la guerre d'Italie de 1859, il offrait son Asyle aux Filles des militaires que l'appel aux armes rendait délaissées, et M. le Syndic de Nice, Maire aujourd'hui, en date du 4 avril, n° 446, voulait bien lui répondre que *son offre avait été acceptée avec reconnaissance, et qu'il se rendait avec joie l'interprète des remercîments qui lui étaient votés pour ses sentiments de Charité Chrétienne.*

Ces traits montrent assez jusqu'à quel degré s'étendait sa douce sollicitude. Où trouvera-t-on de nos jours un homme meilleur ?

Mais, reprenons plus haut notre sujet pour remonter à son Saint Ministère. En 1821, nommé Chanoine de la Cathédrale, il en remplissait les devoirs avec autant de recueillement que d'assiduité. Distingué par le Roi il était fait Chevalier de l'Ordre des Saints Maurice et Lazare. Ensuite, et à la mort du Chanoine Trinchieri, il était investi de la qualité d'Abbé Mitré de St-Pons ; mais toutes ces dignités, loin de ralentir sa Charité, ne servaient qu'à la redoubler. Plusieurs fois l'Épiscopat lui fut offert, entr'autres le Siège de Vintimille, et constamment il refusa cet honneur, préférant la vie humble et cachée à l'élévation.

Ainsi s'écoulèrent et furent remplis les jours utiles de sa vie, jusqu'à l'instant où il toucha à sa 80me année. A la fin de Mars dernier, saisi par une inflammation, il dut se mettre au lit. Ses maux s'aggravèrent. Le 29 Mars 1864, il reçut les derniers Sacrements, fit un tendre adieu à ses parents, à ses amis, et expira au milieu de sa famille affectionnée, ainsi que des Chanoines, ses collégues, qui s'empressaient autour de lui.

La nouvelle de sa mort, qui suivit de si près celle de sa maladie, fit une grande sensation dans la ville. La tristesse était dans les cœurs, et son éloge dans les bouches. La consternation fut générale. Le 30 Mars, jour de sa sépulture, non seulement s'empressèrent d'y intervenir, outre les Cessoliennes, les Religieux de St-Barthélemy et un très nombreux Clergé suivi de l'Honorable Chapitre de la Cathédrale en costume et parements lugubres, mais encore M. le Préfet, qui se trouve toujours là où se rencontre le Bien, M. le Maire, qui ne fait défaut à aucune œuvre utile, les premiers Dignitaires, les Princes étrangers, entr'autres S. A. R. l'ex-Duc de Parme, le Barreau et les personnages les plus distingués de la ville s'associèrent au deuil dès son convoi funèbre. Ce deuil était conduit par ses neveux, le comte de Cessole et le marquis de Châteauneuf suivis de leurs fils, héritiers, non de ses fonds échus aux malheureux, mais des rares qualités du cœur de ce digne parent.

Après le Service Divin célébré à la Cathédrale, le Défunt fut porté à l'église des Filles de la Providence, qui, éplorées par la perte de cet excellent Supérieur, avaient réclamé et obtenu la faveur de porter son cercueil. Là le Chanoine Barralis prononça l'éloge de ses Vertus, de sa Charité, de sa Douceur, de sa Bonté et de sa Modestie. Sa dépouille mortelle fut ensuite transportée, suivant ses intentions, dans le petit cimetière de ses Filles chéries, qui touche à celui de la ville vers la sommité du Château, et de ce même Château, près des ruines duquel reposent d'honorables victimes, et où autrefois s'illustrèrent, en des rangs opposés, Ségurana, Lascaris, Grimaldi, Catinat, Berwick, ainsi que tant de célèbres guerriers qui ne vivent plus que dans nos fastes.

Sur cette dernière demeure des mortels, se présente une scène émouvante. Au moment où, après la dernière absoute, on retire le tapis du cercueil pour le descendre dans le tombeau, les Cessoliennes désolées éclatent en sanglots. Elles ne peuvent se résoudre à se voir ravir leur Père, leur Ami, leur Bienfaiteur. Elles viennent successivement s'incliner sur cette caisse qui renferme ses restes inanimés. La baiser, l'arroser de leurs larmes, telle est leur dernière consolation. La douleur se répand sur tous les spectateurs, et le Célébrant attendri peut à peine achever la dernière prière.

Ainsi termine sa carrière l'homme Chrétien et Bienfaisant ; ainsi finit le Juste. Les regrets universels et les bénédictions l'accompagnent. Il passe, mais ses œuvres lui survivent. Pendant que sur la terre elles poursuivent leur cours et leur salutaire effet, le mérite suit l'âme de l'homme de bien auprès de l'Éternel, et assure sa récompense au sein de l'Immortalité.

www.ingramcontent.com/pod-product-compliance
Lightning Source LLC
Chambersburg PA
CBHW061621040426
42450CB00010B/2594